Les zinzins de l'assiette

Audren

Les zinzins de l'assiette

Texte présenté et annoté
par Helga Zoch

Ernst Klett Sprachen
Stuttgart

1. Auflage 1 5 4 3 2 1 | 2017 16 15 14 13

Internetadresse: www.klett.de / www.lektueren.com

Redaktion: Sylvie Cloeren
Layoutkonzeption: Elmar Feuerbach
Gestaltung und Satz: bostext, Leonberg
Umschlaggestaltung: Sandra Vrabec
Titelbild: Fotolia.com (Cheitt), New York
Druck und Bindung: AZ Druck und Datentechnik GmbH, Kempten
Printed in Germany

ISBN 978-3-12-591456-8

9 783125 914568

Table des matières

Introduction

1. L'auteur

Née en 1972 à Paris, Audren a commencé à voyager très tôt un peu partout dans le monde. Aux États-Unis, où elle a vécu pendant quelques années, elle a appris la danse et le chant.

De retour à Paris Audren a passé la licence de Lettres et d'Arts plastiques. Lorsqu'elle a dû interrompre sa carrière de chanteuse de soul, blues et jazz, elle s'est mis à l'écriture qu'elle considère comme un autre moyen de voyager.

Depuis 2006, plus de vingt titres ont paru, la plupart dans la catégorie littérature jeunesse, mais elle a aussi écrit quelques pièces de théâtre.

2. Le roman

Quatre garçons de pères différents et aux noms insolites ont des problèmes avec leur mère, une femme très particulière, indépendante, féministe, mais très stressée par son activité professionnelle et les travaux ménagers. Les garçons l'aiment bien. Pourtant elle a un défaut : elle ne sait même pas cuisiner des pâtes ! Et les garçons aiment bien manger ! Ils sont de véritables « zinzins » de l'assiette. Que faire ? Il leur faut beaucoup d'idées pour changer la situation, mais finalement le salut vient d'ailleurs.

3. Comment préparer votre lecture ?

Lisez les conseils pages 9 et 10 pour comprendre plus facilement le vocabulaire.

Lisez le vocabulaire thématique autour de la gastronomie, pages 11 – 15. Il contient une grande partie du vocabulaire inconnu. Ces mots et expressions sont marqués d'une étoile * dans le texte.

Nous avons gardé les formes du passé simple dans le texte. Le passé simple est le temps qu'on utilise dans les romans au lieu du passé composé qui est utilisé dans la langue parlée. Pour vous aider à comprendre ces verbes, nous les avons repris dans un tableau, pages 64–66. Mais pour travailler sur le texte, vous pouvez utiliser le passé composé.

Pour comprendre le vocabulaire

Si vous avez envie de lire un texte avec plaisir, lisez attentivement les lignes suivantes.

1. La famille du mot

Pour trouver le sens d'un mot, essayez de déterminer sa *famille*, c'est-à-dire sa racine.

- « désespérés » (p. 17) ; « désespoir » (p. 17)
  Vous connaissez le verbe *espérer* et le nom *espoir*. Le préfixe *dés-* indique le contraire. Le participe passé est souvent utilisé comme adjectif. Ici : verzweifelt.
- « inégalité » (p. 20)
  Vous connaissez l'adjectif *égal*, la terminaison *-ité* pour un nom et le préfixe *in-* qui marque le contraire.
- « honteux » (p. 23)
  La terminaison *-eux* aide à former un adjectif à partir d'un nom. Vous connaissez *la honte*. (= beschämt)
- « impensable » (p. 26)
  Vous connaissez le verbe *penser*. La terminaison *-able* indique un adjectif (souvent traduit par *-bar*), le préfixe *im-* le contraire. (= undenkbar)
- « rêveur » (p. 31)
  Vous connaissez *le rêve*. La terminaison *-eur* indique un adjectif. (= verträumt, träumerisch)

2. Mots identiques en allemand, en anglais

Vous pouvez parfois deviner le sens de mots français à partir de mots allemands ou anglais que vous connaissez :

multicolore (p. 19)	multi = viel; colour = Farbe vielfarbig, bunt

les diminutifs <u>ridicules</u> (p. 21)	ridiculous (lächerlich)
comparer (p. 23)	to compare (vergleichen)
exister (p. 25)	to exist, existieren
victorieux (p. 27)	victory (Sieg), victorious (siegreich)
s'impatienter (p. 27)	patient (engl.) + *-er* als Indiz für Verb, + *im-* zum Ausdruck des Gegenteils (ungeduldig werden)
immédiatement (p. 36)	immediately (unmittelbar, sofort)

3. Le contexte

Enfin, lisez bien les mots placés avant et après le mot recherché. Cherchez le thème de la phrase ou du paragraphe :

- La mère d'Arnold dit que le bonheur passait souvent par des choses simples. Son mari **approuva**.
  « Tu as bien raison .» (p. 14)
  Sollte *to approve* nicht aus dem Englischen bekannt sein, erschließt sich das Verb durch den Kontext. Die Mutter sagt etwas, der Vater gibt ihr Recht mit den Worten *tu as bien raison*. Also kann das Verb *approuver* nur bedeuten: bestätigen.
- « Ne dis rien à ton père finalement, **glissai**-je à Arnold pendant la dictée. »
  Glisser muss hier ein Verb des Sagens sein. In welcher Form der Satz gesagt wird, wird dadurch nahegelegt, dass der Sprecher während eines Diktats im Unterricht spricht, also vermutlich sehr leise. Also: flüstern.

La gastronomie

Les repas	**Mahlzeiten**
le petit déjeuner une tartine beurrée	Frühstück Butterbrot
le déjeuner	Mittagessen
le goûter	Vesper *(besonders für Kinder, wenn sie aus der Schule nach Hause kommen, z. B. Butterbrot und heiße Schokolade)*
le dîner	Abendessen

Au supermarché	**Im Supermarkt**
le client	Kunde
le caddie = le chariot	Einkaufswagen
le panier	Einkaufskorb
l'allée *f*	Reihe, Gang
le rayon	Regal

Les produits à acheter	**Die zu kaufenden Artikel**
la boîte de conserve le cassoulet	Konservendose Cassoulet *(weiße Bohnen mit Schwein, Ente, u. ä)*
la pizza surgelée	Tiefkühlpizza
le paquet de pâtes	Päckchen Nudeln
le pack de lait	Blockpackung Milch, mehrere Liter zusammen abgepackt
le yaourt • gélatineux • aromatisé aux faux fruits	Joghurt • geleeartig • mit künstlichen Fruchtaromen

le laitage = un produit laitier	Milchprodukt
le fromage râpé le fromage toile cirée	geraspelter Käse Käse in Folie (eigentlich: Wachstuch) verschweißt
la charcuterie le pâté sous plastique le jambon • à la coupe • conditionné sous plastique	Wurstwaren abgepackte, verschweißte Pastete gekochter Schinken • frisch geschnitten • in Plastik abgepackt
le poisson les bâtonnets panés	Fisch Fischstäbchen
l'huile *f* de palme	Palmöl
un oignon	Zwiebel
la semoule	Grieß
le raisin sec	Rosine
le chocolat à pâtisser	Koch-, Blockschokolade
la levure	Hefe
les biscuits *mpl* = les cookies	Kekse
le taboulé (industriel ≠ maison)	*orientalischer Salat aus Hirse, Tomaten, Zwiebeln, Paprika, Rosinen, Pfefferminze* (Fertigprodukt ≠ selbstgemacht)
la saucisse de Francfort	Frankfurter Würstchen
l'exhausteur *m* de goût le conservateur le colorant	Geschmacksverstärker Konservierungsstoff Farbstoff

La préparation d'un plat	**Zubereitung eines Essens**
l'art culinaire	Kochkunst

un repas gastronomique	Feinschmeckeressen
le livre de cuisine la recette un ingrédient la cuisine du terroir	**Kochbuch** Rezept Zutat bodenständige Küche
faire la cuisine faire la popote *fam* concocter qc *fam* goûter qc le beurre fondu pêler une pomme la pâte	kochen das Essen zubereiten etw. zusammenbrauen etw. probieren zerlassene Butter einen Apfel schälen Teig
les ustensiles *mpl*	**Gerätschaften, Kochutensilien**
la poêle la casserole la cocotte le couvercle le saladier la cuillère le plat le tablier	Pfanne Kochtopf Schmortopf Deckel Salatschüssel Löffel Platte, Schüssel Schürze
la cuisson	**Kochen, Backen, Braten, Schmoren**
le four mettre au four la gazinière faire cuire • cuit, e • al dente mijoter le micro-ondes réchauffer	Ofen in den Ofen schieben Gasherd kochen • gar • al dente (= bissfest) auf kleiner Flamme kochen Mikrowelle aufwärmen

l'assaissonnement *m*	**Würzen**
assaisonner	würzen
les épices *fpl* le poivre la muscade la cannelle le curry les baies roses le mélange quatre baies salé, e piquant, e le moulin le flacon d'épices	Gewürze Pfeffer Muskatnuss Zimt Curry Schinusbeere, auch roter Pfeffer genannt Mischung aus schwarzem, weißen, grünen Pfeffer und Schinusbeeren salzig, versalzen pikant, scharf Gewürzmühle Gewürzglas
les herbes fines le thym la sauge le coriandre la ciboulette le basilic	Kräuter Thymian Salbei Koriander Schnittlauch Basilikum

Quelques plats	**Einige Gerichte**
le gratin le gratin dauphinois	überbackenes Gericht, Auflauf Kartoffelgratin
la quiche lorraine	*warmer salziger Kuchen mit Schinkenspeck, Zwiebeln, Käse*
la tarte aux poireaux	Lauchkuchen
le friand	*hier:* Blätterteigpastete gefüllt mit Hackfleisch und Pilzen

le bœuf bourguignon	Rinderschmorbraten in Burgunderwein
le filet de dinde	Putenfilet
la lasagne au poulet	Hähnchenlasagne
le poulet cocotte	Schmorhähnchen
la Régina faite maison	*eine besondere hausgemachte Pizza*
la paëlla	Paëlla, *spanisches Gericht mit Reis, Meeresfrüchten, Fleisch*
la purée instantanée	Püree aus Kartoffelpulver
les desserts le clafoutis aux cerises le tiramisu aux fruits des bois le beignet aux poires la tarte la tarte Tatin la douceur chocolatée les fruits la fraise la framboise la myrtille	Nachspeisen Kirschauflauf Tiramisu mit Waldbeeren Birnenkrapfen Kuchen, Torte Apfelkuchen Feingebäck mit Schokolade Obst Erdbeere Himbeere Blau-, Heidelbeere

1

Le blues du supermarché

Je marchais mécontent derrière le caddie* que poussait Maman. Je faisais des plop plop plop avec ma bouche. Je fuyais comme un vieux robinet. J'avais le cafard et je pouvais bien me répéter que tout allait bien, que j'avais trois gentils frères, une mère qui m'aimait, une maîtresse bienveillante, un club de foot de qualité, des amis intéressants… je ne voyais que de la misère partout.

Je détestais faire les courses. Mais le mardi après l'école, mes frères et moi n'avions pas de chance. Maman nous demandait de l'accompagner au supermarché*. Elle était toujours fatiguée de sa journée. Elle râlait pour rien et fonçait avec son chariot* entre les rayons*, comme une formule 1 cassée. Elle rentrait dans les caddies des autres clients* sans même s'excuser puis elle entassait des boîtes de conserve* et des paquets de pâtes* dans le sien. Des dizaines de produits peu appétissants s'y trouvaient en quelques minutes devant mes yeux désespérés. En plus, notre mère évitait systématiquement l'allée* des biscuits* et du chocolat et nous ordonnait : « Toi, tu vas prendre la lessive, toi, le papier toilette, et toi, le pack de lait* ! »

Mon plus jeune frère, lui, restait à ses côtés. Il avait très peur de la perdre.

Je marchais difficilement vers le mur de rouleaux de papier rose. Chaque pas était un effort. Personne ne voyait donc mon désespoir ? Comment Maman pouvait-elle être aveugle à ce point

** Alle Wörter und Wendungen, die mit einem Sternchen gekennzeichnet sind, befinden sich im thematischen Wortschatz ab S. 11 und in alphabetischer Reihenfolge im Dossier pédagogique.*

1 **le blues** *angl* la situation triste – 3 **plop** *onom Geräusch eines fallenden Tropfens* – 4 **fuir comme un vieux robinet** wie ein alter Wasserhahn tropfen *ici: fig Ausdruck der trüben Stimmung* – 4 **avoir le cafard** *fam* être triste, déprimé – 6 **une maîtresse** *ici:* une prof – 6 **bienveillant, e** gentil, compréhensif – 11 **râler** *fam* montrer qu'on est mécontent – 11 **foncer** *fam* aller très vite – 13 **entasser qc** mettre beaucoup de choses dans qc – 14 **le sien** *ici:* son caddie (le sien, la sienne) – 18 **une lessive** un produit pour laver les vêtements – 23 **un effort** Anstrengung – 24 **aveugle** *ici:* pas capable de voir la réalité

et me demander de l'aide alors que c'était moi qui en aurais eu besoin ? Je revins vers ma mère en me permettant un passage devant les cookies* délicieux qu'elle n'achèterait sûrement pas. Heureusement pour moi, je les avais déjà goûtés* chez Arnold Mendelssohn…

Chez les Mendelssohn, je n'avais jamais eu l'occasion d'avoir le cafard ni de m'ennuyer. Le déjeuner* ou le goûter* étaient toujours une fête gastronomique*. D'ailleurs, j'allais profiter de nouveau de ce délicieux moment le lendemain midi et rien que d'y penser, mon cafard disparut.

Narrateur → « Je » → Milos

2 **avoir besoin de qc** se trouver dans une situation où qc manque – 8 **d'ailleurs** im Übrigen

2

Les choses simples

– Tu as toujours bon appétit, Milos ! Ça me fait plaisir de te voir manger comme ça ! Reprends du gratin* si tu veux !

Je souris au père d'Arnold et repiochai dans le plat avec enthousiasme.

– C'est vraiment délicieux, monsieur, dis-je poliment.

– C'est tout simple pourtant.

La mère d'Arnold dit que le bonheur passait souvent par des choses simples. Son mari approuva.

– Tu as bien raison ! D'ailleurs, rien de meilleur qu'une bonne tartine beurrée* ! ajouta-t-il.

Ils avaient fini leur assiette, Arnold et ses parents discutaient tandis que je continuais à manger. Je n'écoutais plus, j'étais absorbé par ce que je mangeais, mon nez flairait des parfums nouveaux.

– La muscade*,... précisa le papa... ou peut-être le mélange quatre baies*.

– Quatre baies ?

J'étais surpris et je voulais qu'il m'explique.

Il m'apporta le moulin plein de petites boules multicolores.

– Tu vois, c'est ça, dit-il.

Puis il lut l'étiquette : poivres blanc, vert, noir et baies roses.

– Sur quel arbre poussent les baies roses ? demandai-je.

– Aucune idée ! s'exclama le cuisinier. C'est bien la première fois que mon gratin provoque une telle question ! J'aime bien ta curiosité, Milos.

– Et moi j'aime bien votre cuisine ! C'est tellement meilleur que chez moi !

13 **tandis que** pendant que (Gleichzeitigkeit oder Verschiedenartigkeit der Handlungen) – 14 **flairer qc** etw schnuppern – 14 **un parfum** *ici:* Duft – 15 **un mélange** Mischung – 19 **un moulin** *ici:* Gewürzmühle

Ma mère ne savait pas du tout cuisiner. Pas du tout, du tout. Même pas les pâtes* qu'elle servait toujours « al dente »* en m'expliquant systématiquement que les Italiens les mangeaient ainsi. Je lui dis que « pas cuit* » était plutôt le mot juste mais elle disait que je n'y connaissais rien et que « al dente » convenait parfaitement à ses macaronis* croquants. Elle admettait malgré tout sa nullité en cuisine. Elle mettait cette incompétence sur le dos de sa mère qui lui avait répété toute son enfance que ce n'était pas le rôle d'une femme de faire la cuisine.

Ma grand-mère avait aussi répété à sa fille que les femmes n'avaient pas besoin des hommes pour réussir leur vie et Maman n'avait donc jamais voulu vivre avec un homme. « Pour ne pas tomber dans le panneau. » Quand je demandais : « Quel panneau ? » Elle répondait : « Celui de l'inégalité. Les hommes finissent tous par montrer leur vrai visage… et les femmes finissent toutes par repasser leurs chemises… »

Il était évident que ma mère n'aimait pas trop les hommes. Elle n'avait pas été gâtée par la nature car elle avait mis au monde quatre garçons, tous de pères différents. Une telle famille nombreuse pour une anti-mâle de son genre devait lui poser des problèmes. « Mais non ! m'expliqua-t-elle un jour. J'adore les garçons, et je vous adore toi et tes frères ! C'est juste que je ne veux pas être une bonne femme, une bobonne ! Je ne veux pas laver les chaussettes de l'homme avec qui je vis. »

– Mais tu laves bien nos chaussettes… dis-je.

– Ça, c'est normal, parce que vous êtes mes enfants ! Je ne veux juste pas être la mère de mon amoureux… tu comprends Milossinou ?? Je ne veux pas faire des tâches ingrates qui, pour des raisons absurdes, sont celles des filles…

5 **convenir parfaitement à qc** *ici:* être une très bonne expression pour qc – 6 **admettre qc** dire que qc est vrai – 15 **finir par faire qc** schließlich, letztendlich etw tun – 16 **repasser qc** etw bügeln – 18 **être gâté, e par qc** von etw verwöhnt, begünstigt sein – 20 **une anti-mâle** une femme qui n'aime pas les hommes – 23 **une bobonne** *fam péj* une femme qui s'occupe seulement de sa maison et de ses enfants – 28 **une tâche** un travail à faire – 28 **ingrat, e** *ici:* peu agréable

Ma mère aimait les prénoms originaux, les diminutifs ridicules et les phrases compliquées mais j'avais appris à n'en retenir que l'essentiel.

– Donc c'est ingrat d'être notre mère, c'est ça ? résumai-je.

Elle secoua énergiquement la tête, mais j'ajoutai alors que la cuisine n'était certainement pas réservée aux bobonnes car de nombreux hommes, comme M. Mendelssohn étaient d'excellents cuistots. Alors pourquoi Maman s'entêtait-elle à ne nous servir que des pizzas surgelées*, du cassoulet en boîte* et des pâtes trop dures ?

Le temps que ma mère mettait à répondre aux remarques de ce genre montrait clairement qu'elle réalisait sans doute l'absurdité de ce qu'elle avait dit. Mais les parents ont l'art de retourner les situations délicates en leur faveur.

– Si tu n'es pas content, plains-toi à ta grand-mère ! C'est elle qui m'a rendue allergique aux casseroles*. De toute façon, je préfère aller avec vous au musée, au ciné ou au parc que de faire la popote*, c'est plus intéressant pour tout le monde, non ? concluait-elle.

Chez Arnold, je réalisais de plus en plus l'importance d'un bon repas. Le plaisir de la bouche était sans doute plus grand que le plaisir des visites au musée. M. Mendelssohn apporta le dessert : un délicieux clafoutis aux cerises*. Je le félicitai mais il me dit encore :

– C'est simple pourtant.

Il m'expliqua que n'importe qui pouvait préparer d'excellents repas. Il suffisait d'y mettre du cœur et de bons ingrédients*.

Ces festins chez les Mendelssohn étaient trop rares. J'avais envie de bien manger tous les jours, comme Arnold.

1 **un diminutif** *ling* Verkleinerungsform – 2 **retenir qc** se souvenir de qc – 5 **secouer la tête** faire un geste avec la tête qui veut dire non – 8 **s'entêter à faire qc** darauf beharren etw zu tun – 12 **sans doute** wahrscheinlich – 14 **retourner qc en sa faveur** profiter de qc (etw zu seinen Gunsten auslegen) – 22 **féliciter qn** faire un compliment à qn

Je me mettais sûrement à une tâche difficile mais je salivais déjà à l'idée des dîners exquis que mes frères, Maman et moi allions peut-être pouvoir partager. « Du cœur et des bons ingrédients, c'est vrai que c'est simple, me dis-je, on doit avoir ça aussi chez nous. »

1 **se mettre à qc** commencer qc – 1 **saliver** → **je salive** mir läuft das Wasser im Mund zusammen – 2 **exquis, e** très bon, délicieux

3

Parfois, le cœur ne fait rien d'autre que battre

De retour à la maison, j'informai mes frères de ma décision. Virgile, le plus âgé, se moqua de moi.

– Du cœur et des bons ingrédients ! Tu es vraiment naïf, mon pauvre ! Pour faire de la bonne cuisine, il faut du fric ! Et on n'en a pas !

– On a du cœur au moins, dis-je honteux. Hein qu'on en a ?

– Tout le monde a un cœur… Après, il faut savoir s'en servir. Des fois, il ne sert qu'à battre. Il fait son minimum qui est nécessaire pour vivre.

Desmond et Enguerrand, mes deux frères plus jeunes, n'avaient encore rien dit.

– Moi je trouve que Maman fait bien le manger, déclara soudain Enguerrand de sa toute petite voix mignonne.

– C'est normal, tu n'as que quatre ans. Tu n'as pas pu comparer.

– C'est quoi comparer ? demanda-t-il

– C'est essayer des trucs différents et dire ce que l'on préfère.

Enguerrand se mit à pleurer :

– Mais je veux pas essayer une autre maman ! C'est la nôtre que je préfère !

Desmond consola notre frère.

– On ne va rien changer du tout. C'est juste que Milos nous propose de manger mieux.

– Mais on garde quand même notre maman ? sanglota Enguerrand.

– Bien sûr ! dis-je. On n'a même pas de pères ! Qui tu voudrais mettre à sa place ?

– Pourquoi nos papas ne viennent jamais à la maison ? demanda Enguerrand.

1 **parfois** de temps en temps – 5 **le fric** *fam* l'argent – 8 **se servir de qc** profiter de qc – 9 **servir à qc** être utile pour qc

– Maman n'aime pas les papas. C'est comme ça, déclara Desmond.

– Mais peut-être que eux, ils nous aiment ? remarquai-je.

– Peut-être, soupira Desmond. Mais Maman ne veut pas le savoir.

Je tentai de parler de nouveau de la qualité de nos repas mais Enguerrand nous avait mis d'autres soucis en tête, ces mêmes soucis qui nous occupaient trop souvent. Pourquoi ne pouvions-nous pas rencontrer nos pères ? Les bons petits plats* étaient devenus un sujet de peu d'intérêt. Moi, je voyais pourtant mon projet comme un remède possible à tous nos problèmes. Un bon gratin dauphinois* ne remplacerait jamais nos pères mais il pouvait tout de même permettre à la famille entière de passer un moment agréable.

4 **soupirer** seufzen – 7 **un souci** une pensée qui nous inquiète; un problème qui nous fait beaucoup réfléchir – 11 **un remède** *ici:* une solution

4

Ersatz !

J'examinai les aliments* de notre cuisine.

– Tu ne trouveras rien de bon. Y a que les beurkeries de toujours et des pommes ! s'exclama Desmond.

C'est ainsi qu'il nommait les pâtés sous plastique*, le jambon trop rose et plein d'eau, les fromages toile cirée* et les yaourts beiges et gélatineux*, aromatisés aux faux fruits* que l'on trouvait chez nous. Chez Arnold les aliments n'étaient pas faux ni conditionnés sous plastique*. Son père fabriquait les yaourts dans une yaourtière. Il y ajoutait de véritables fraises*, framboises*, myrtilles*, du caramel et parfois même, des morceaux de cookie*… un délice ! Et puis leur jambon n'était pas tout mouillé comme le nôtre. « Il faut l'acheter à la coupe* ! » m'avait expliqué M. Mendelssohn.

J'avais retenu l'expression sans trop comprendre ce que cela pouvait signifier. J'imaginais que « la coupe » était une usine où l'on coupait les animaux en morceaux, une sorte de scierie de bêtes… et cela me dégoûtait un peu. Au moins la charcuterie* sous plastique nous donnait l'illusion d'être elle-même fabriquée à partir de plastique. On n'imaginait plus la bête à l'origine. Les vrais fruits dans nos jus de fruits, le vrai poisson dans nos bâtonnets panés*, la vraie viande dans nos pâtés n'existaient que chez les autres et parfois, c'était tant mieux.

En général, je déjeunais chez les Mendelssohn un mercredi sur deux, avant le foot parce qu'Arnold y allait aussi. L'autre mercredi, c'était lui qui venait à la maison… le pauvre !

3 **une beurkerie** *fam* une chose à manger pas bonne du tout → beurk! *interj* – 13 **mouillé, e** ≠ sec – 16 **signifier** dire – 16 **une usine** un endroit où on fabrique qc – 17 **une scierie** un endroit où on coupe les arbres – 18 **une bête** un animal – 18 **dégoûter qn** jdn anekeln

Lorsque je retournai chez Arnold, je racontai à son père que j'étais très déçu en voyant les aliments que j'avais pu trouver dans notre Frigidaire.

– Vous savez, j'ai essayé de suivre vos conseils. Du cœur, ça se trouve, mais des bons ingrédients… c'est impensable chez nous !

Et je lui décrivis ce qui se trouvait dans notre Frigidaire. Il fit une gentille grimace. Je sentais qu'il tentait de rester positif mais qu'il me plaignait vraiment au fond de lui.

– Alors, chez toi, vous ne mangez que des *ersatz* ? me questionna-t-il.

Je hochai la tête parce que je n'avais pas le courage de demander ce que signifiait ce mot. Mais en rentrant chez moi, je demandai vite une définition à Virgile.

– *Ersatz*…, hésita-t-il… C'est pas le nom des pierres de volcan, ça ? Si, si, je crois que c'est ça. C'est un silicate…

Comme Virgile était en troisième et qu'il était fort en sciences, je le crus.

Le lendemain, en classe, je précisai à Arnold :

– Tu diras à ton père que je me suis trompé : on ne mange pas de pierres de volcan chez nous.

– Pourquoi tu veux que je lui dise ça, t'es ouf aujourd'hui ?

À la récréation, un doute s'installa en moi quant à la fiabilité des explications de Virgile. Je consultai donc le dictionnaire de la bibliothèque du fond de la classe et j'appris qu'un *ersatz* était un produit de remplacement, souvent de mauvaise qualité.

– Ne dis rien à ton père finalement, glissai-je à Arnold pendant la dictée.

Il leva les yeux au ciel pour me faire comprendre que je ne tournais vraiment pas rond.

1 **lorsque** quand – 11 **hocher la tête** faire un mouvement de la tête pour dire oui – 19 **se tromper** ne pas avoir raison – 21 **ouf** *verlan* fou – 22 **un doute** l'idée, le sentiment que qc n'est pas vrai – 22 **quant à** was betrifft – 22 **la fiabilité** Vertrauenswürdigkeit – 29 **ne pas tourner rond** être fou; ne pas aller bien

5

Le cadeau

L'anniversaire de Maman approchait. Je convainquis mes frères de nous cotiser pour lui acheter un beau livre de cuisine. Enguerrand fila lui demander de l'argent de poche.

– Pourquoi les autres en ont et pas moi ? protesta-t-il.

– Parce que je commence à donner de l'argent de poche à 7 ans et pas avant, mon Guerrandinou. C'est comme ça !

Enguerrand se mit à pleurer.

– Alors, je ne peux même pas t'acheter de cadeau…

– Je n'ai pas besoin de cadeau, un gros bisou me fait autant plaisir !

Enguerrand nous rapporta la discussion avec un grand sérieux et de grosses larmes. Pour le consoler, je lui dis qu'il nous rembourserait quand il aurait 7 ans. Il accepta. Mais le lendemain, il revint victorieux de l'école. Il avait trouvé une pièce de 10 centimes dans la rue ! Il me la donna avec fierté.

– Comme ça, je paye maintenant pour le livre, moi aussi.

Desmond rit dans son coin :

– Hi ! Hi, c'est même pas le prix d'un quart de page ! dit-il.

Virgile lui fit les gros yeux et nous félicitâmes tous Enguerrand de sa gentille participation.

Mon grand frère m'accompagna chez le libraire pour choisir le livre. Le choix me parut si difficile ! Virgile s'impatientait.

– Il faut que j'aille faire mes devoirs, grouille !

Cuisine de tous les jours, La cuisine pour les nuls, Manger économique et délicieux, Les bonnes recettes de ma grand-mère, La cuisine du terroir*, Les grands classiques de la cuisine française, Tartes et clafoutis…* : toutes ces recettes, toutes ces photos me

2 **convaincre qn** jdn überzeugen – 3 **se cotiser** donner chacun un peu d'argent – 14 **rembourser qn** jdm geliehenes Geld zurückgeben – 16 **la fierté** le sentiment qu'on est très content de soi – 24 **grouille** *fam interj* fais vite

faisaient saliver, rêver, voyager… Je feuilletai longtemps *La cuisine des quatre coins du monde*. Virgile finit par s'énerver vraiment.

– On ne va pas lui offrir ça alors qu'elle ne sait même pas faire une purée ! Prends-lui le bouquin pour les nuls !

– Mais ça va la mettre en colère !

– Alors prenons-lui *Les bonnes recettes de ma grand-mère*, le livre est très beau.

– Mais notre grand-mère ne sait pas faire la cuisine !

– Raison de plus ! Au moins notre cadeau sera rigolo.

9 **rigolo** *fam* → rigoler

6

Les raviolis et les Ricains

Ce soir-là, Maman rentra très fatiguée de son travail. Elle arriva un peu en retard à l'école, elle ne dit rien sur le chemin du retour à la maison, elle monta les marches de l'escalier en soufflant, ouvrit la porte en râlant, jeta ses chaussures dans l'entrée puis elle s'étala dans le canapé.

– Ces Ricains vont me tuer ! s'écria-t-elle.

Elle travaillait pour une société texane à Paris. Une société qui vendait des noix de pécan par tonne ou par sachet dans le monde entier. Nous en avions tant mangé que nous n'aimions plus ça. Nous avions une caisse de noix entières, en cerneaux et en poudre. Je me dis que l'on n'avait peut-être plus envie de toutes les bonnes choses si l'on en avait trop. Alors, un clafoutis tous les soirs pouvait-il finir par sembler aussi mauvais qu'un yaourt beige aromatisé ?

Ma mère finit par se lever pour préparer le dîner. Deux boîtes de raviolis réchauffées* au micro-ondes*. Elle touilla le tout, posa le plat* sur la table avec beaucoup de bruit et s'écria :

– À table !

– Les raviolis en boîte, j'aime pas du tout ! protesta Desmond.

– Desmond-le-démon, c'est pas le jour de broncher, les Ricains m'ont super énervée ! répondit ma mère. Je n'ai pas eu le temps de concocter* autre chose.

– Et qu'est-ce que tu aurais fait si tu avais eu le temps ? demanda le diablotin.

Ma mère ne répondait pas tout de suite comme souvent. Son silence finit par nous mettre tous mal à l'aise. Desmond l'avait

1 **un Ricain** *fam péj* un Américain – 4 **souffler** mit Mühe atmen – 5 **râler** *fam* manifester son mécontentement – 9 **une noix de pécan** Pekannuss – 9 **un sachet** un très petit sac – 11 **en cerneaux** geknackt – 18 **touiller qc** *fam* etw umrühren – 21 **broncher** montrer/dire qu'on est mécontent – 25 **un diablotin** un enfant qui est comme un petit *diable* (Teufel) – 27 **mettre qn mal à l'aise** jdn sich unwohl fühlen lassen

blessée et nous ne trouvions pas de solution pour la sortir de cette question dérangeante.

Heureusement Enguerrand, qui arrivait tout juste à table, s'écria victorieux :

– On a un cadeau ! On a un cadeau ! Joyeux anniversaire !

– Oh ! C'est adorable les enfants ! J'étais tellement occupée aujourd'hui que j'avais complètement oublié ! Je n'ai même pas acheté de gâteau !

Desmond haussa les épaules :

– Tu oublies à chaque fois !

– Peut-être que tu ne veux pas vieillir… suggéra Virgile.

– Mais qui voudrait vieillir ? Dis-le-moi ! répondit Maman.

– Moi ! Moi ! s'écria Enguerrand. Je veux avoir 7 ans et de l'argent de poche !

– Oh ! Reste mon bébé, s'il te plaît ! Quand tu auras 7 ans, j'aurai… 40 ans ! Quelle horreur !

Je donnai le paquet à Maman. J'étais chargé de le lui remettre parce que j'étais l'initiateur du projet et le choisisseur de l'objet. Elle tenta de deviner ce qui se cachait derrière le joli papier.

– C'est un livre ! Un livre cartonné ! Il s'agit sûrement d'un livre avec des photos ou des images !

Nous hochâmes tous la tête.

– Un livre sur les voyages ? Un livre sur les koalas, j'aime tellement les koalas !!! Un livre sur les jardins de Paris ? Un livre sur la musique ? Sur Miles Davis? C'est ça ???

– Non, non… dit Enguerrand. C'est un livre sur la grand-mère.

Maman ouvrit le paquet et partit dans un fou rire incontrôlable. Elle riait si fort que cela finit par m'inquiéter. Était-elle vraiment heureuse de ce cadeau ? Le trouvait-elle ridicule ?

Elle nous remercia finalement et nous félicita pour notre humour extraordinaire.

2 **dérangeant, e** in Verlegenheit versetzend – 17 **être chargé, e de faire qc** avoir la tâche de faire qc – 20 **cartonné, e** mit festem Einband – 25 **Miles Davis** *un grand musicien de jazz (1926–91)*

– Il faut absolument que Grand-mère voie ça ! conclut-elle.
– Tu vas nous faire ces recettes ? demanda Desmond.
– Je ne sais pas trop si j'en suis capable…
– T'es capable de tout ! dit Virgile.
– Dois-je prendre cela pour un compliment ? réagit Maman.

Elle feuilleta le livre, l'air rêveur. Elle n'avait pas l'air de saliver devant ce qu'elle regardait. Elle pensait à autre chose.

J'étais un peu triste qu'elle ne s'attarde sur aucune page et qu'elle ne choisisse pas déjà le plat* qu'elle nous ferait le lendemain.

– Demain, j'ai encore deux réunions avec les Ricains. Je n'aurai pas le temps de faire la cuisine.
– Après-demain, alors ? demandai-je timidement.
– On verra… On a bien le temps, de toute façon. Les livres savent attendre.
– Oui, mais pas nos ventres ! dit Desmond. Ça a l'air si bon, le bœuf bourguignon*… et la tarte Tatin* aussi…

Maman nous conseilla de finir nos raviolis parce qu'ils allaient être froids. Ce fut un peu difficile de revenir à la réalité de notre dîner après ce que nous venions de découvrir en photo. En plus, sur la table, ne se trouvaient ni dessert, ni gâteau, ni bougie, juste nos yaourts à l'extrait de faux fruits.

– Tu ne prends rien de sucré ? me demanda Maman.
– Il n'y a que ces yaourts !
– C'est déjà pas mal, non ? Je connais des tas d'enfants pauvres…
– … qui seraient très heureux de manger ces desserts ! termina Virgile. On sait Maman ! Tu nous répètes ça à chaque fois !
– Eh bien c'est ma fête ! Dites tout de suite que je radote ! remarqua Maman.
– Non, c'est ton anniversaire ! corrigea fièrement Enguerrand.

8 **s'attarder sur qc** *ici:* prendre le temps de regarder qc – 28 **radoter** toujours répéter les mêmes choses

7

Dans sa tête, il s'appelle Alain

Depuis une semaine le livre n'avait pas bougé du bout de la table où se trouvait le fourbi de la semaine, du mois et même de l'année. Une mystérieuse clé et une brosse à habits traînaient là depuis toujours, mais aussi des tickets de métro, des pièces jaunes et un minuscule vase chinois dans lequel on n'avait jamais mis une seule fleur. Pour dîner, nous poussions de côté tout ce qui pouvait nous gêner et nous mettions les assiettes sur la partie dégagée. Le livre de Maman était devenu l'ami de la clé et du petit vase. Personne n'avait le courage de faire remarquer à notre mère qu'elle avait oublié son cadeau et qu'elle me blessait beaucoup en le méprisant ainsi. Ses Américains étaient restés trop longtemps à Paris et Maman ne se sortait pas du stress de son travail. Elle ne riait plus jamais, elle répétait « qu'ils allaient l'achever ». Nous ne devions pas lui faire la moindre remarque. Tout lui était égal, les bonnes notes, les mauvaises, les bobos, les menus de la cantine… D'habitude tout cela semblait l'intéresser, mais là… plus du tout. Les Texans la rendaient nerveuse et la fatiguaient.

– Peut-être que tu ne devrais plus vendre des noix de pécan ? dit gentiment Desmond.

– Mon pauvre Desmond, tu crois que c'est facile de retrouver du boulot comme ça. Je ne peux pas quitter ce job. Je dois vous nourrir*, moi !

– À ce propos, tu avais dit que tu nous ferais une recette du livre, remarquai-je, encore plus gentiment que mon frère.

3 **un fourbi** *fam* un ensemble d'objets divers – 4 **une brosse à habits** un objet pour nettoyer les vêtements sans les laver – 5 **une pièce jaune** une petite pièce de monnaie – 7 **pousser qc de côté** etw wegschieben – 12 **mépriser qc** ≠ respecter qc – 14 **achever qn** *fam ici:* jds Ende sein, jdn ans Ende seiner Kräfte bringen – 16 **un bobo** *enf* une petite blessure – 17 **d'habitude** normalement

Je savais que ma mère pouvait exploser d'une minute à l'autre mais j'aurais été trop bête de ne pas saisir la perche qu'elle me tendait.

Elle explosa pourtant.

– Je n'ai jamais dit que je préparerais quoi que ce soit ! Je n'ai vraiment pas l'âme à cuisiner.

– Tu as l'âme à quoi, alors ? demanda Desmond.

Elle s'assit, réfléchit trop longtemps, parce qu'on l'embarrassait, et comme aucune réponse ne se présentait dans sa tête fatiguée, elle se leva et disparut dans les toilettes. Je l'entendis se moucher et je me dis qu'elle avait peut-être pleuré.

– C'est pas facile pour elle, remarqua Virgile. Elle n'a personne qui l'aide.

– Elle n'avait qu'à garder nos papas, dit Desmond.

– Au moins l'un des quatre ! précisai-je. Le mien, c'était le mieux.

– Tu ne le connais même pas ! remarqua Virgile.

– Si, je l'ai vu en photo. Il habite loin maintenant. Et puis, d'abord, le tien n'aime que les hommes ! Il n'aurait sûrement pas vécu avec Maman ! Celui de Desmond a une famille en Afrique du Sud et celui d'Enguerrand, on ne sait toujours pas qui c'est…

– Si je sais ! protesta Enguerrand.

Nous le regardions tous car Maman n'avait jamais voulu répondre à cette question.

– Je sais dans ma tête, ajouta-t-il. Il s'appelle Alain et il est gentil.

Il se mit à pleurer. Encore. Comme d'habitude. Virgile prit Enguerrand sur ses genoux et le consola comme il pouvait.

– Un jour on saura qui est ton vrai papa et on l'invitera ici, OK ?

– J'ai faim ! répondit-il en reniflant.

2 **saisir la perche** *fig* die Gelegenheit beim Schopf ergreifen – 5 **quoi que ce soit** was auch immer – 6 **avoir l'âme à faire qc** avoir envie de faire qc – 8 **embarrasser qn** dire ou faire qc de façon que l'autre ne sait plus quoi dire ou faire

Il était presque 21 heures et Maman n'était pas revenue dans le salon ni dans la cuisine. Virgile la trouva endormie tout habillée sur son lit. Il referma doucement la porte de sa chambre et décida de nous préparer le dîner.

– Ce sera forcément aussi bon que ce que fait Maman, dit-il en roulant ses grands yeux, l'air coquin.

Et tout le monde se mit à rire.

6 **coquin, e** spitzbübisch

8

Changer les habitudes et savourer*

– Et si tu suivais une recette du livre ? proposai-je.

Virgile choisit « l'omelette de nos campagnes » car nous n'avions pas les ingrédients* nécessaires pour concocter* d'autres plats*.

Il s'agissait d'une omelette spéciale au lait, aux herbes* et aux oignons*. Elle collait à la poêle* mais Virgile fut tout de même content du résultat. Il n'en revenait pas d'avoir fait cela tout seul ! Pour le dessert il suivit une recette de pommes caramélisées dans une casserole*. Je l'assistai.

– T'as oublié la cannelle* ! fis-je remarquer.

Virgile ne savait même pas à quoi cela ressemblait. Je lui décrivis les bâtons de cannelle que M. Mendelssohn gardait dans sa boîte de sucre pour le parfumer et ses dizaines de petits flacons d'épices* bien rangés sur des étagères spéciales. Je me souvenais de quelques noms : curry*, thym*, ciboulette*, sauge*, coriandre* et cannelle... c'était bien elle... Chez nous, on ne pouvait trouver qu'un sachet de noix de pécan en poudre. Virgile en mit quelques pincées sur les pommes.

– Ça remplacera la cannelle ! dit-il.

– C'est donc un ersatz ! constatai-je malicieusement.

Virgile fit mine de ne pas entendre. Il ne voulait surtout rien apprendre de moi.

Notre dessert nous surprit tout autant que l'omelette. Ces pommes fondaient dans la bouche comme des bonbons. Desmond fit promettre à notre grand frère qu'il serait aussi notre cuistot le lendemain.

Maman réapparut à la fin du repas, les yeux presque fermés. Il ne restait plus rien pour elle. Nous l'avions un peu oubliée. Desmond lui décrivit notre menu mais elle n'était pas surprise.

12 **un bâton** *ici:* Stange – 17 **une pincée** une petite quantité – 20 **malicieusement** leicht boshaft – 23 **tout autant que** ganz genauso wie – 24 **fondre** schmelzen

Elle était folle à cause de l'heure et voulait que l'on se couche immédiatement.

– Vous devriez déjà être au lit depuis longtemps ! Vraiment, je n'ai pas assuré aujourd'hui !

Les deux petits allèrent se coucher sans prendre leur douche. Enguerrand était ravi de ce changement.

– Ouais, je suis sale ! Ouais, je suis sale ! Et on a mangé des pommes au caramel ! Youpi lélé ! Youpi lélé ! Et en plus, je me lave même pas les dents… tralalère…

J'étais dans la même chambre que Virgile. J'avais pris discrètement le livre de cuisine et, avant de dormir, nous y cherchâmes le menu de notre prochain repas. Il fallait faire attention aux petites étoiles sur le côté des pages car elles indiquaient la difficulté de préparation du plat*. Comme nous n'avions pas de pratique, nous devions nous cantonner aux plats « une étoile ». Nous choisîmes le « poulet cocotte »* et la « douceur chocolatée ».

Dans la nuit, nous fûmes tous réveillés par une terrible diarrhée. Maman pensa que Virgile avait sans doute utilisé dans l'omelette un œuf qui n'était plus bon et répéta :

– C'est ma faute, je n'avais qu'à pas m'endormir avant le dîner !

Malgré ces douleurs nocturnes, nous gardions tous les quatre un excellent souvenir du repas.

Avant de nous rendormir Virgile me dit :

– Il faudra faire des courses, demain. Tu viendras avec moi ?

– Tu crois que Maman te donnera de l'argent pour acheter à manger ? Tu rêves ! Elle va avoir peur que tu nous rendes encore malade…

– T'inquiète pas ! Je gère !

4 **assurer** *ici:* faire les choses dont on est responsable – 6 **ravi, e** très content – 7 **ouais** *interj fam* oui – 9 **la dent** Zahn – 15 **se cantonner à qc** ne pas faire autre chose que qc – 19 **une diarrhée** Durchfall – 29 **gérer qc** *fam* etw managen

9

Avec 10 euros et de l'amour

Je ne savais pas comment Virgile arrivait toujours à convaincre Maman mais elle nous laissa 10 euros sur la table. À 18 h 30, après l'école, il fallut choisir le plus petit poulet du supermarché car nous voulions qu'il nous reste assez d'argent pour acheter le reste des ingrédients de notre liste. Heureusement que mon frère avait une calculette sur son téléphone. Il additionnait à chaque fois les prix de ce que nous mettions dans notre panier*.

– 9,85 euros, demanda la caissière.

– La vache ! On a eu chaud ! m'écriai-je.

– Mais non ! Je gère, j'te dis ! répondit Virgile.

Ma mère s'était installée dans le canapé. Elle le faisait encore plus que d'habitude. Les Américains étaient rentrés au Texas. Elle semblait décompresser. Elle dit qu'elle était ravie de nous laisser la cuisine.

– N'hésitez pas à me demander de vous aider ! lança-t-elle du salon.

– Oui, oui ! hurla Virgile.

Puis il se tourna vers moi et me dit tout bas :

– On n'est pas fous ! On ne va jamais rien lui demander !

Le poulet mijotait* tranquillement dans la cocotte*. Virgile commença par se brûler les doigts en voulant soulever le couvercle* trop chaud. Alors, il prit un torchon pour protéger sa main et put ainsi vérifier la cuisson*. Mais il eut la mauvaise idée de reposer le torchon près du foyer de la gazinière.

– Au feu ! Au feu ! criai-je.

Maman, Enguerrand et Desmond arrivèrent en courant. Les flammes étaient de plus en plus hautes et Virgile paniquait.

7 **une calculette** Rechner – 10 **la vache !** *fam* Donnerwetter! – 10 **avoir chaud** *fam* éviter un danger – 14 **décompresser** den Stress, den inneren Druck loswerden – 23 **un torchon** Geschirrtuch – 25 **le foyer de la gazinière** Feuerstelle des Gasherds

Maman éteignit le petit incendie avec une serviette de bain humide. Elle nous gronda très fort.

– Je crois que ce livre de recettes porte malheur, remarqua Desmond. Hier la colique, aujourd'hui le feu… et demain…

– Il n'y aura pas de demain. Vous ne ferez pas la cuisine. Vous êtes trop jeunes ! C'est bien trop dangereux ! déclara Maman.

– Mais j'ai 11 ans ! protestai-je.

– Et moi 14 ! Dans même pas quatre ans, je suis majeur ! ajouta Virgile.

Le poulet fut un tel succès que Maman nous permit finalement d'autres essais culinaires*.

– Je t'avais dit de ne pas t'inquiéter, me dit Virgile à voix basse, je gère !

2 **gronder qn** mit jdm schimpfen

10

Les ingrédients magiques

Les jours se suivirent et ne se ressemblèrent jamais. Nos repas nous faisaient vivre comme dans un autre monde. Il y eut quelques plats brûlés ou trop salés*, quelques catastrophes dans la cuisine : des paquets de farine explosés sur le carrelage, une bouteille d'huile renversée, Virgile se coupa même le doigt en pelant* une pomme. On se dit encore et encore que le bouquin nous portait la poisse, mais en fait il nous changeait la vie et le plaisir de découvrir d'autres saveurs* était bien plus grand. Lorsque Arnold vint déjeuner le mercredi, il fut surpris de manger un délicieux gratin de légumes presque aussi bon que celui de son père.

– On n'avait pas de noix de muscade*, alors on a mis de la noix de pécan, lui expliquai-je. C'est pour ça que ça a un goût spécial.

– Chacun a ses ingrédients* magiques… dit Arnold, poliment.

Ma mère avait beaucoup changé depuis que nous nous occupions des repas. Elle chantait souvent. Elle semblait moins préoccupée.

– Tu vois, c'est important une bonne alimentation* ! lui fis-je remarquer. Tu as l'air bien plus en forme qu'avant !

– C'est vrai que tu as changé cette semaine, remarqua Virgile.

– Je ne veux pas que Maman change ! sanglota Enguerrand. Je veux garder la même maman qu'avant. Je veux qu'elle me fasse le manger !

– Il est fou ! Il ne sait pas ce qu'il dit ! marmonna Desmond.

Virgile et moi avions fait d'énormes progrès en cuisine. Nous envisagions même de passer aux plats* marqués de deux étoiles. Mais nous ne faisions plus nos devoirs et nos notes s'en ressentirent.

– 10/20 en maths ! s'exclama Maman en lisant le bulletin de Virgile. Toi qui es le premier de ta classe ! Ça doit être une erreur !

2 **se ressembler** ≠ être différent – 5 **un carrelage** Fliesenboden – 8 **la poisse** *fam* ≠ la bonne chance, le bonheur – 16 **être préoccupé, e** penser toujours à ses problèmes – 29 **une erreur** une faute

Elle réagit de la même façon en découvrant que ma moyenne générale avait baissé de deux points. Non, il ne s'agissait pas d'une erreur. Nous devenions des élèves moyens. Jusqu'ici Maman disait qu'elle ne s'intéressait pas à nos rares dérapages scolaires mais ces deux nouvelles, coup sur coup, transformèrent radicalement son attitude.

– Il va falloir vous ressaisir les garçons. Je ne peux pas accepter des notes pareilles. Vous allez arrêter de faire la cuisine pendant la semaine et vous mettre au boulot.

Enguerrand était content :

– Ouais ! Ça va être comme avant.

– Quelle catastrophe ! bougonna Desmond. Alors, là, le monde s'écroule !

Le monde s'écroula. Maman reprit possession de la cuisine.

– Les pâtes sont encore plus immangeables* qu'avant, murmura Desmond tandis que Maman sortait les yaourts aromatisés du Frigidaire.

– C'est parce que, maintenant, tu connais le goût des bonnes choses, répondit Virgile tout bas. T'inquiète, on va trouver une solution de secours.

Il nous fit un clin d'œil à tous.

Comme je l'avais pressenti avec les noix de pécan, il est préférable de ne pas s'habituer aux bonnes choses. Cela risquait de rendre tout le reste indigeste* et inacceptable. Il fallait sans doute réserver les délices* aux vieillards si l'on ne voulait pas souffrir toute sa vie de la médiocrité des plats*.

– Tu veux un yaourt ? me proposa Maman.

– Non merci, pas d'*ersatz* pour moi.

– *Feldspath* ! s'écria alors Virgile.

– Quoi *feldspath* ? demandai-je.

3 **moyen, ne** ni bon ni mauvais – 4 **un dérapage** *ici:* un manque de succès qui ne dure pas longtemps – 7 **se ressaisir** sich wieder fangen – 13 **s'écrouler** zusammenstürzen – 19 **t'inquiète** *fam ici:* = ne t'inquiète pas – 21 **faire un clin d'œil à qn** jdm zuzwinkern – 25 **souffrir de qc** unter etw leiden – 26 **la médiocrité** une qualité qui est plutôt mauvaise

– Ça me revient ! C'est ça le nom de la roche volcanique ! J'ai confondu *ersatz* et *feldspath* ! Je regrette d'avoir dit n'importe quoi.

Maman nous regardait l'air ahuri. Elle tendit un yaourt à Desmond.

– Non merci, je n'aime pas le feldspath, dit-il en souriant.

Seul Enguerrand mangea son laitage* beigeasse sans protester.

La guerre des desserts venait d'être déclarée.

– Mais il faut tout de même manger du calcium, nous fit remarquer Maman. Vous devez manger un produit laitier.

Virgile sortit un paquet de fromage râpé*, en saupoudra trois tartines et les mit au gril quelques minutes.

– Et voilà, mes chers frères, du calcium en quantité pour une saveur de qualité !

– J'en veux aussi ! hurla Enguerrand.

Et il se mit à pleurer.

– Pourquoi tu pleures tout le temps ? s'énerva Maman.

– Peut-être parce qu'il ne sait pas qui est son papa, supposa Desmond, l'air dégagé.

– Mais si je sais ! protesta Enguerrand… dans ma tête je sais… il s'appelle Alain.

– Ça y est, il remet ça… remarqua Desmond.

Maman disparut brusquement au fond du couloir et je l'entendis se moucher dans les toilettes.

2 **confondre** verwechseln – 4 **ahuri, e** très surpris – 7 **beigeasse** *péj* de couleur beige indéfinie – 19 **l'air dégagé** mit Unschuldsmiene

11

Ce qui manque

La maison avait retrouvé son atmosphère fade. Nous n'attendions plus le soir avec impatience. La décision de Maman nous avait rendus tristes. Nous évoquions tous les quatre les dernières semaines comme un moment de bonheur, des vacances en quelque sorte. Ma mère se mit en colère.

– Mais vous n'étiez pas en vacances ! Vous n'avez pas su vous concentrer sur l'essentiel.

– Mais c'est essentiel de bien manger ! remarquai-je.

– Vous ne mangez pas si mal que ça, tout de même ! se révolta Maman.

– Si, dit sèchement Virgile.

Maman n'avait pas l'habitude que Virgile lui tienne tête. Elle le regarda, l'air surpris, presque choqué. Virgile ressemblait de plus en plus à un adulte. Sa voix avait changé, son corps avait changé, il avait même un peu de moustache maintenant. Maman l'observait depuis quelque temps avec une certaine peur. Elle perdait son petit garçon et elle n'y pouvait rien. Il était alors plus grand qu'elle. Ces quelques centimètres donnaient une nouvelle assurance à mon frère. Il ajouta :

– On t'aime beaucoup mais la cuisine, ça n'a jamais été ton truc…

– Mais c'est à cause de sa mère ! rouspéta Enguerrand.

Maman déclara que Virgile venait probablement de commencer sa crise d'adolescence et qu'il était normal qu'il cherche des choses à lui reprocher.

– Je préfère que nos conflits soient d'ordre culinaire*. Ça reste tout mignon, mon Vivinou, dit-elle en collant un gros baiser sur sa joue.

4 **évoquer qc** se souvenir et parler de qc – 13 **tenir tête à qn** jdm die Stirn bieten – 16 **une moustache** Schnurrbart – 19 **l'assurance** *f* Selbstvertrauen – 26 **reprocher qc à qn** critiquer qn – 29 **une joue** Wange

Virgile fronça les sourcils. Il détestait ce surnom.

– Je ne fais aucune crise. Je réalise juste qu'il nous a manqué une chose importante ces dernières années.

Il y eut un long silence. Ma mère organisait le bazar du bout de la table pour s'occuper et éviter de nous regarder. Elle mit le petit vase et la brosse à habits d'un côté, les pièces jaunes et les tickets de métro de l'autre. Elle jeta la clé à la poubelle. Cette clé mystérieuse qui traînait là depuis des années n'ouvrait donc rien chez nous. J'aurais bien voulu demander ce qu'elle avait ouvert un jour mais Maman, qui repensait sans doute à la réflexion de Virgile depuis tout à l'heure, finit par lui répondre :

– Vos pères ne vous ont jamais manqué jusqu'ici. Je ne vois pas pourquoi, tout à coup, leur absence devrait m'être reprochée. Je n'accepte pas que tu embarques tes frères dans tes révoltes d'ado. Laisse-les vivre leur enfance tranquillement, s'il te plaît !

– Je ne parlais pas de nos pères, dit Virgile.

– Il parlait des bons repas, précisa Desmond.

– Virgile n'est pas un ado en crise, protestai-je. En plus, il est gentil avec nous.

– Tu vois Virgile, tu les as mis de ton côté ! s'énerva Maman.

– Mais il n'existe pas deux côtés, expliqua calmement mon grand frère. Je suis de ton côté comme avant, comme toujours. Nous sommes une famille.

– Tu parles ! s'exclama notre mère.

– Dis donc, t'es énervée ! remarqua Desmond. Les Ricains sont revenus à ton bureau ?

– Pas du tout ! Cette semaine, nous allons recevoir un Islandais qui va peut-être travailler chez nous et TOUT VA TRÈS BIEN MERCI ! hurla-t-elle.

– Tout ça pour une histoire de bouffe… marmonna Virgile avant de regagner notre chambre en boudant.

Je le suivis en l'imitant. C'était peut-être vrai que j'étais de son côté.

1 **froncer les sourcils** montrer dans le visage qu'on est mécontent – 14 **un ado** = un adolescent – 30 **la bouffe** *fam* la nourriture, le repas – 30 **marmonner** brummeln – 31 **bouder** montrer son mécontentement

12

Au feeling, baby !

Les jours d'école, il régnait désormais une curieuse ambiance chez nous. Ma mère essayait de varier ses menus et nous sortait du frigo des taboulés* industriels, des friands* à l'ersatz de viande, des quiches* toutes prêtes.

– Tu vois, remarqua Virgile en lisant la composition d'une tarte aux poireaux*, il n'y a pas un gramme de beurre dans la pâte* et ils utilisent de la poudre d'œuf, de l'huile de palme* et une colonie d'exhausteurs de goût*, de conservateurs*, de colorants*. C'est pour ça que ça ne peut pas avoir une saveur appréciable.

– Oui, oui… c'est ça, c'est ça… répondit Maman. Ah ! Les ados ! Les ados ! ajouta-t-elle l'air énervé. À quoi ça sert de faire des efforts ?… je me demande…

Le week-end, tout s'arrangeait, Virgile et moi faisions les courses et les repas, et la maison semblait alors plus claire et plus joyeuse. Évidemment Maman ne nous donnait jamais assez d'argent pour pouvoir acheter tout ce dont nous aurions eu besoin. Je ne sais pas si elle souhaitait ainsi embêter Virgile ou si elle n'avait tout simplement pas beaucoup d'argent. En tout cas, nous avions appris à faire avec l'essentiel et à inventer des nouvelles recettes* en prenant d'autres ingrédients* que prévu.

Lorsqu'un mercredi, je racontai nos aventures à M. Mendelssohn, il me félicita :

– Si tu sais improviser et que le résultat est bon, cela signifie que tu es devenu un véritable chef ! Tu cuisines *au feeling*. Seuls les experts en sont capables ! Bientôt, tu n'auras plus du tout besoin de recette !

1 **au feeling** *angl* nach Gefühl – 4 **un frigo** = un frigidaire – 8 **une poudre** Pulver – 18 **embêter qn** *fam* faire qc pour mettre qn en colère – 25 **un chef** *ici:* = un chef de cuisine, qn qui fait bien la cuisine

En rentrant du foot, j'annonçai à toute la famille que le week-end suivant, nous cuisinerions *au feeling*.

– Qu'est-ce que ça veut dire ? demanda Desmond.

– Sans recette ! annonçai-je.

Virgile était d'accord. Maman leva les yeux au ciel.

– Si ça vous amuse… dit-elle. Mais on risque de ne pas être déçus.

– Pourquoi, tu es déçue d'habitude ? lui demanda Desmond.

13

Ma mère mijote

Pour faire la cuisine *au feeling*, il fallait faire les courses *au feeling*. Les difficultés commencèrent déjà au supermarché. Virgile n'avait pas le même *feeling* que moi.

Il voulait des bananes, du chocolat, des carottes, des pommes de terre, de la crème fraîche*, des filets de dinde* et du basilic*, je voulais des framboises*, des raisins secs*, des œufs, de la semoule*… Nous n'arrivions à nous mettre d'accord que sur le chocolat à pâtisser*. Il finit par réaliser que nous faisions les courses pour deux jours de *feeling* et me proposa donc de m'occuper du dessert le samedi tandis qu'il préparerait le plat principal, et de changer les rôles le dimanche.

La cuisine était un chantier. Mon dessert prenait forme dans un grand saladier* mais je ne savais pas encore ce qu'il donnerait une fois cuit*. Virgile m'aida à le mettre au four*.

– Quelle température ? demanda-t-il.

– Chaud ! lançai-je.

– Chaud comment ?

– Comme pour un gâteau.

Une heure plus tard, mon gâteau avait brûlé dessus mais restait complètement mou à l'intérieur.

Il fallut donc le manger ainsi.

– C'est pas bon ! dit Enguerrand.

– Tu as mis de la farine au moins ? demanda Maman.

– Des framboises, du sucre, des raisins secs, des œufs, de la levure* et du beurre fondu*. J'ai fait mon truc au *feeling* !

– Je vois, dit Maman.

Curieusement, elle semblait plus guillerette que d'habitude. Elle se retenait de rire car Virgile aussi avait un peu raté son

1 **mijoter** préparer un repas avec beaucoup d'amour *ici:* préparer qc dans le secret, sans le dire – 21 **mou, mol, molle** ≠ dur – 28 **guilleret, te** ≠ triste – 29 **rater qc** *fam* ne pas réussir qc

plat. Ses carottes n'étaient pas assez cuites et sa viande bien trop piquante*. Nous avions acheté quelques épices pour imiter les Mendelssohn mais mon frère n'avait pas eu la main légère quand il l'a assaisonnée. Nous avions tous la bouche en feu et tentions de ne pas laisser voir de terribles grimaces de douleur. À part Enguerrand qui se plaignit immédiatement, nous restâmes stoïques et ne dîmes rien de négatif de peur que notre mère nous retire aussi le droit de cuisiner le week-end.

Le lendemain notre *feeling* s'appuya donc plus sagement sur quelques recettes du livre de Maman. Virgile déclara que nous avions eu tort de chercher à créer des nouveautés. D'autres gens s'étaient fatigués à inventer de savoureuses* recettes avant nous.

Maman nous félicita pour ce week-end qu'elle qualifia de gastronomique. Elle n'avait plus l'air de se moquer de nous. Elle souriait toujours beaucoup, elle ne disait plus que Virgile était un ado rebelle. Que s'était-il passé ? Que nous mijotait-elle ?

9 **s'appuyer sur qc** sich auf etw stützen – 11 **avoir tort** ≠ avoir raison

14

Hoministe

Notre mère avait rencontré l'amour au travail. C'est, avec nos repas, ce qui l'avait rendue soudain plus heureuse.

– Sesil est Islandais, nous dit-elle un soir. Il est très sympa. Il est divorcé.

– Ça, c'est pas très original ! ponctua Virgile.

– Mais ce qui est incroyable, continua-t-elle, c'est qu'il a lui aussi quatre enfants ! Quatre filles qui ont le même âge que vous !

– C'est juste pour ça que tu le trouves sympa ? demanda Desmond… T'es pas difficile !

– Tu vas avoir un bébé avec lui ? demanda Enguerrand.

Ma mère nous rassura tous.

– Sesil doit retourner chez lui, à Reykjavik mais j'espère que nous nous reverrons bientôt. Il m'a dit que l'Islande était le pays le plus féministe au monde !

– C'est sûrement pour ça qu'il a un prénom de fille ! ria Virgile.

– C'est quoi féministe ? demanda Desmond.

– C'est comme Grand-mère, répondis-je.

– Si l'on s'occupe de protéger les droits des femmes, on est féministe, expliqua Maman.

– Et si l'on protège bien les hommes, on est hoministe ? demanda Desmond.

– Les hommes ont déjà tous les droits. Ils n'ont pas de raison de protester.

– Ben non ! On n'a pas le droit de faire à manger pendant la semaine ! protestai-je.

– Vous n'êtes pas encore des hommes… précisa Maman.

Elle nous annonça que Sesil allait passer la nuit à la maison avant de reprendre l'avion, parce que son hôtel n'était pas confortable.

Virgile sourit et dit de façon ironique :

19 **un droit** Recht

– Et il n'y a pas d'autres hôtels à Paris, bien sûr ?

On sonna à la porte. Sesil ne parlait pas français. Maman et lui communiquaient en anglais. Il nous salua en nous serrant la main. Il était très grand, ses cheveux blonds tout frisés et longs lui donnaient l'air d'un ange XXL.

– Il ressemble à un esstraterrestre, remarqua Enguerrand. C'est un Zinzin de l'espace !

Ma mère lui fit les gros yeux.

– Ce n'est parce que Sesil ne te comprend pas qu'il faut te permettre de dire n'importe quoi.

Maman n'était pas naturelle du tout. Elle marchait d'une drôle de façon, souriait d'une drôle de façon, se tenait d'une drôle de façon. Elle avait allumé des bougies dans le salon. Des bougies que nous n'avions jamais allumées depuis que nous habitions cet appartement. Sesil semblait très timide. Il restait assis au bord du canapé avec son verre de vin, il ne disait pas grand-chose.

Maman nous envoya vite au lit. Nous tentions d'entendre ce qu'ils pouvaient se raconter mais ils ne disaient rien, semblait-il. Que pouvaient-ils faire alors ?

Je m'approchai du salon sur la pointe des pieds et j'aperçus Sesil toujours vissé au même endroit, avec le même verre de vin et ma mère qui continuait à tout faire d'une drôle de façon.

– Tu crois qu'elle est amoureuse ? demandai-je à Virgile quand je revins dans notre chambre.

– Ça ne lui ferait pas de mal.

– Tu crois qu'ils vont dormir dans le même lit ?

– Ça ne lui ferait pas de mal non plus.

– Tu crois qu'ils auront un bébé ensemble ?

– Il ne manquerait plus que ça ! soupira Virgile.

– C'est bizarre les filles, pas vrai ?

5 **un ange** Engel – 6 **un esstraterrestre (= extraterrestre)** *enf* qn qui ne vit pas dans notre monde, mais dans un autre planète – 7 **l'espace** *m* Weltraum – 21 **être vissé, e au même endroit** ne pas avoir bougé

– C'est Maman qui est bizarre. Une fille ça peut être normal, tu sais. Moi, je kiffe les filles normales.

Virgile s'intéressait de plus en plus aux filles : au collège, dans la rue, sur les magazines de Maman, dans les films et les clips. Il me laissait croire que le seul fait d'avoir eu 14 ans l'avait rendu spécialiste. Quand il disait : « Elle est *fresh* ! », je le croyais sans vraiment comprendre.

– C'est quoi une fille normale ? lui demandai-je.

– Une fille pas comme notre mère... Une fille qui aime la cuisine, les fringues et les hommes.

2 **kiffer qn** *ar fam* aimer qn, être fou de qn – 6 **fresh** *angl ici:* naturel

15

Sesilisée

Le lendemain matin, Sesil n'était déjà plus là. Maman continuait à sourire avec son air bizarre.

– J'aime pas trop Sesil, dit Desmond au petit déjeuner. Il fait peur.

– Moi non plus, insista Enguerrand. On dirait vraiment un esstraterrestre.

– Sesil est très particulier. Il faut bien le connaître pour l'apprécier, expliqua Maman.

– Et tu le connais bien, toi ? demandai-je.

Elle se mit à trier les tickets de métro du bout de la table et jeta ceux qui étaient périmés.

À partir de ce jour, dès que nous arrivions de l'école, vers 18 h 30, Sesil téléphonait à Maman, de son travail. En Islande, il était deux heures de moins. Lorsqu'elle venait de raccrocher, Maman flottait sur un petit nuage d'amour débile et préparait alors le dîner avec encore plus de distraction que d'habitude.

Heureusement que Virgile et moi passions derrière elle, assaisonnions* ce qui devait l'être, réchauffions ce qui était froid, ajoutions du beurre quand il le fallait. Elle ne se rendait compte de rien, elle était totalement sesilisée.

En général elle rappelait l'Islandais vers 22 heures, et là, cela pouvait durer très longtemps. Maman était heureuse de pouvoir se servir enfin de son option « téléphone illimité vers l'étranger ».

Tant qu'il restait en Islande, Sesil ne nous dérangeait pas vraiment. Il occupait trop de place dans la tête de Maman mais cela arrangeait Virgile car elle le laissait alors grandir tranquille.

12 **périmé, e** *ici:* qu'on ne peut plus prendre pour aller en métro – 13 **dès que** *conj* sobald – 15 **raccrocher** terminer le coup de téléphone – 16 **débile** *fam* stupide – 20 **se rendre compte de qc** remarquer qc – 24 **téléphone illimité** *on peut téléphoner aussi longtemps qu'on veut sans payer plus* – 25 **tant que** *conj* solange

– Elle est moins désagréable avec moi depuis qu'elle connaît ce type, remarqua-t-il, et c'est plus cool pour tout le monde.

Seul Enguerrand souffrait vraiment de l'arrivée d'un nouvel homme dans la vie de notre mère. Il pleurait plus que jamais, s'accrochait à elle tant qu'il pouvait, lui demandait toujours des câlins.

Mais un dimanche, quand nous dégustions* un tiramisu aux fruits des bois*, concocté* par Virgile, chaque cuillère* devint soudain de plus en plus amère.

– J'ai une grande nouvelle à vous annoncer les enfants : Sesil va venir habiter avec nous. Il a été embauché dans ma boîte, à Paris ! Il retournera seulement en Islande pour passer les vacances et les longs week-ends avec ses filles.

Personne ne put terminer son dessert sauf Maman qui en reprit trois fois.

6 **un câlin** l'action de caresser qn – 9 **amer, ère** bitter – 11 **être embauché, e** avoir un emploi/du travail chez qn – 11 **la boîte** *fam ici:* le lieu de travail, l'entreprise

16

Le mois des béquilles

Le mois qui précéda l'arrivée de Sesil chez nous fut une catastrophe. Enguerrand ne dormait plus la nuit et pleurait toute la journée. Sa maîtresse conseilla à Maman de consulter très vite un psychologue. Maman se mit en colère. C'était sûrement la faute de l'institutrice si mon frère déprimait ainsi. Elle n'avait aucun savoir-faire avec les tout-petits. Forcément, elle venait du primaire ! Virgile, lui, n'avait plus l'âme à cuisiner, plus l'âme à travailler, plus l'âme à plaisanter, seulement l'âme à rester chez ses copains après le collège. Maman répétait qu'il était entré dans la phase 2 de sa crise d'adolescence et que nous passerions malheureusement tous par là. Elle ne voulait pas comprendre que Virgile faisait plutôt une crise d'enfance, une crise d'amour, une crise de jalousie. Il cherchait à ce que Maman s'intéresse plus à lui qu'à Sesil. Il la laissait l'attendre et s'inquiéter chaque soir un peu plus. Mais avant le repas, le coup de fil de Sesil mit fin à toutes les peurs de notre mère. Je crois bien qu'elle oubliait même à ce moment que Virgile n'était pas rentré.

Dès qu'il le pouvait, Desmond lançait des mots méchants à Maman. C'était le plus direct de nous quatre. Il disait ce qu'il avait à dire et cela lui était égal de blesser notre mère. Selon lui, elle le méritait un peu. Quant à moi qui pensais avoir tout surmonté en silence et avec beaucoup de courage, je me foulai le pied au foot. Je dus marcher avec des béquilles et réclamer l'aide de Maman très souvent.

Je n'avais plus de raison d'aller déjeuner chez les Mendelssohn le mercredi puisque je ne pouvais plus jouer au foot. Mais Arnold n'accepta pas que nous interrompions nos bonnes habitudes.

1 **les béquilles** *fpl* Krücken – 4 **une maîtresse** *ici: enf* une femme qui donne des cours à l'école primaire (école maternelle et élémentaire) – 6 **une institutrice** une maîtresse – 7 **le savoir-faire** la compétence – 7 **le primaire** *ici:* Grundschule (l'école élémentaire) – 13 **la jalousie** Eifersucht – 22 **mériter qc** etw verdienen – 23 **se fouler le pied** sich den Fuß verstauchen

– Tu viens quand même ! Cette fois-ci, c'est ma mère qui fait la cuisine : une paella* et des beignets aux poires*. Il ne faut pas que tu manques ça.

– Ta mère aussi sait faire la cuisine ! Quelle chance !!! soupirai-je.

Arnold sentait bien ma tristesse:

– Mais ta mère a plein d'autres qualités ! dit-il.

– Ah oui ? Lesquelles ?

– Elle est marrante !

– Ça se voit que tu ne vis pas chez nous !

– Elle est originale !

– Juste bizarre.

– Elle s'en fout du désordre !

– On ne retrouve jamais rien chez nous…

– Elle s'en fout des gros mots !

– C'est pas grand-chose quand même…

– C'est ta mère ! Ça c'est une super qualité, conclut-il car il ne trouvait plus d'argument. Tu ne serais pas un type bien si ta mère était vraiment nulle.

– Peut-être que je dois tout à mon père.

– C'est drôle comme avec toi, les absents ont toujours raison ! Je crois que tu rêves trop.

– On ne rêve jamais trop.

13 **se foutre de qc** *fam* penser que qc n'a pas d'importance – 15 **un gros mot** un mot vulgaire

17

Le parfum des volcans

L'ange XXL arriva chez nous un soir. Son manteau, ses bagages avaient un parfum étrange. Comme je ne connaissais de l'Islande que ses volcans, je me dis qu'il devait s'agir de l'odeur des volcans.

Il avait pris des cours intensifs de français et arrivait alors à communiquer avec nous. Il apportait quatre valises et deux sacs. Il en sortit des cadeaux pour chacun de nous. Nous étions bien embêtés de devoir le remercier mais ses présents étaient parfaitement choisis. Je pense que Maman avait su l'orienter dans ses achats. Il m'offrit le maillot de foot dont je rêvais.

Il nous montra ensuite des photos de ses filles. Seul Virgile s'y intéressa longuement.

– La plus grande est *fresh* ! me dit-il.

Je n'arrivais toujours pas à comprendre ce qu'il voulait dire, je lui fis plaisir en hochant la tête.

Pendant les premiers jours, nous avions toujours l'impression que Sesil était juste un invité. Il partait et revenait du travail avec Maman, restait très réservé, lisait beaucoup, et s'entraînait à pratiquer le français avec un programme de son PC. C'était si drôle de l'entendre répéter avec son accent d'extraterrestre : « Avez-vous déjà visité le musée du Louvre ? » ou encore : « Je prendrai une quiche lorraine* et un verre de vin rouge, s'il vous plaît. » Mais la phrase que nous préférions tous était : « J'aimerais vous inviter à dîner. »

Nous avions l'espoir qu'elle nous serait destinée un jour.

Ce jour arriva :

– J'aimerais vous inviter à dîner demain, nous dit-il alors que nous mangions, en grimaçant, les habituels raviolis.

– Ouais !!!! hurla Desmond.

2 **les bagages** *mpl* les valises, les sacs – 8 **être embêté, e de faire qc** *fam* être obligé de faire qc sans le vouloir vraiment – 10 **un maillot** Trikot

Virgile sourit, je dis « merci ! » sûr que ce que nous allions manger au restaurant serait forcément meilleur que ce que Maman nous faisait manger.

Mais il précisa :

– J'aimerais vous inviter à dîner chez vous. Je serai votre chef demain !

– Tu peux pas être le chef chez nous ! contesta Enguerrand.

Quand nous vîmes Sesil occuper la cuisine, je compris qu'il était fait pour durer, qu'il n'était ni un simple invité, ni un touriste mais un nouveau membre de notre famille.

À notre grande surprise, il faisait vraiment la cuisine comme un chef, mieux encore que M. ou Mme Mendelssohn. Pour nous, qui n'avions connu jusqu'alors que les pizzas surgelées*, sa Regina faite maison* avait le goût du paradis.

– Ce n'est pas un Zinzin de l'espace, remarqua Desmond lorsque nous fûmes seuls avec mes frères, c'est un Zinzin de l'assiette, comme nous quatre ! C'est génial !

Nous regrettions de n'avoir rien à reprocher à Sesil. Il était impossible de ne pas être heureux de sa présence. Un bon cuisinier chez nous était un cadeau du ciel…

« Voilà sans doute pourquoi il a cette tête de grand ange… » pensais-je.

Il nous apprit qu'il avait eu l'idée d'ouvrir un restaurant mais que la vie en avait décidé autrement pour lui.

– C'est pas la vie qui décide, c'est toi ! dit Desmond.

– Ahh ! Ça se voit bien que tu es encore jeune… soupira Virgile.

18

La promesse des pönnukökurs

Petit à petit, Sesil prit la place de ma mère en cuisine.

– T'as vu ça, il cuisine *au feeling* ! me fit remarquer Desmond… et lui il y arrive !

Sesil n'avait pas le choix s'il voulait bien manger. Il craignait les saucisses de Francfort* que Maman nous servait sans les cuire ou sa purée instantanée* pleine de grumeaux. Souvent, il ne mangeait rien pendant les dîners de notre mère et je le voyais rôder dans la cuisine à l'heure où nous allions nous coucher. Comme tout allait mieux chez nous depuis que nous avions compris qu'il n'était pas notre ennemi, bien au contraire, Virgile et moi reprîmes nos habitudes du week-end.

Virgile décida même de passer à un plat marqué de trois étoiles sur le livre : le bœuf bourguignon*. Il me conseilla de choisir un dessert deux étoiles car il lui semblait que j'avais encore des progrès à faire dans cette catégorie.

J'hésitais entre lui rendre mon tablier et suivre ses conseils de grand frère. Je le trouvais humiliant et prétentieux. J'en avais assez de l'écouter et d'être son larbin. Il s'en suivit une dispute mémorable. Virgile m'avait vexé. Ne formions-nous pas une équipe ? Pourquoi prenait-il ses airs supérieurs ? Maman tenta de mettre fin à notre dispute, sans résultat. Elle se mit à hurler :

– Taiseeez-vous, bon sang ! Je veux vous dire quelque chose !

Elle avait l'air sérieuse. J'avais peur qu'elle nous gronde. Elle appela mes deux jeunes frères. Sesil était sorti faire son jogging.

– Les enfants, je voulais juste vous dire que Sesil ne va pas rester chez nous.

– Pourquoi ??? Il ne nous aime pas ? demandai-je.

7 **un grumeau** Klümpchen – 17 **rendre son tablier** *fig* ne plus rien faire – 18 **humiliant, e** blessant – 18 **prétentieux, se** arrogant – 19 **un larbin** *fam péj* Diener – 23 **se taire** ne plus rien dire – 23 **bon sang** *interj* verflixt nochmal

– Disons que je me suis trompée, nous ne pouvons pas vivre ensemble, dit Maman.

– C'est dommage, il était bien Sesil, regretta Virgile.

– Qui va nous faire à manger ? demanda Desmond. C'est nul !

– Non, c'est bien, dit Enguerrand, heureux. Je vais pouvoir redormir avec Maman !

Sesil fit ses valises et nous quitta à la fin de la semaine. Il nous promit qu'il reviendrait nous faire goûter* des pönnukökurs, les crêpes islandaises et le requin séché, s'il en trouvait à Paris.

Maman tirait une tête de poisson malade. Je ne sais pas ce qui avait pu se passer entre eux, mais elle semblait lui en vouloir. Elle le chassait certainement de chez nous car lui ne se pressait pas de partir. Il plaisantait avec Virgile sur le pas de la porte. Il lui dit quelque chose à l'oreille. J'aurais bien aimé connaître leur secret. Desmond écrasa une larme sur sa joue en regardant Sesil monter dans son taxi. Il jouait toujours les durs mais c'était sans doute lui le plus sensible de nous quatre.

– Où est-ce qu'il va ? demanda-t-il la voix tremblante.

– Il a trouvé un appartement à l'autre bout de Paris, répondit Maman.

– Alors, on ne va plus le revoir… conclut-il.

– Je travaille avec lui tous les jours. Vous le reverrez certainement. C'est juste que je ne pouvais pas vous obliger à accepter… des… des…

– Des filles ? demanda Virgile.

Maman s'étonna de la réplique de Virgile. Que savait-il ?

9 **le requin séché** getrockneter Haifisch – 10 **tirer une tête de poisson malade** *fam* être très malheureux – 11 **en vouloir à qn** être en colère avec qn

19

Six mois de filles

– Sesil m'a tout expliqué… Tu es dure en affaires de cœur, toi ! critiqua Virgile.

– Je ne peux pas envisager autant d'enfants dans la maison ! dit Maman. Vous imaginez ? Huit enfants !!! C'est impensable…

Je ne comprenais rien à leur discussion. Il m'aurait été difficile d'imaginer quoi que ce soit.

Virgile nous résuma la situation. L'ex-femme de Sesil venait d'être hospitalisée pour une longue période.

– En psychiatrie ! précisa Maman (comme si c'était plus grave que tout d'être malade de la tête). Cette femme est complètement folle ! Je me demande vraiment ce qu'il a pu lui trouver un jour…

Sesil avait donc envisagé de faire venir ses filles en France pendant six mois. Cette simple idée avait mis Maman dans tous ses états. Elle avait tout à coup regardé Sesil comme un envahisseur et oublié ses grandes qualités.

– Ça pourrait être intéressant pourtant de recevoir des étrangères à la maison, dit Virgile. Ces filles ont une autre culture, elles peuvent nous apprendre plein de choses…

Dès que l'on parlait de fllles, les yeux de Virgile brillaient.

– Si tu crois qu'on ne te voit pas venir, dit Maman. Tu es déjà amoureux de la grande sans même la connaître !

Maman n'accepta pas la proposition de Sesil.

– Six mois de galère assurés ! répétait-elle. Ma vie est déjà bien assez compliquée comme ça.

– Le pauvre Sesil, comment fera-t-il tout seul à Paris avec ses enfants qui n'ont pas leur maman ? demandai-je.

15 **mettre qn dans tous ses états** in helle Aufregung versetzen – 15 **un envahisseur** qn qui occupe les lieux sans y être invité – 24 **une galère** *fam* une situation désagréable, des difficultés

– Il est majeur et vacciné ! Il n'avait qu'à réfléchir avant ! répliqua Maman, comme si elle n'avait jamais aimé Sesil.

– C'est pour des raisons débiles comme celles-là que tu as viré nos quatre pères ? demanda Virgile.

– Ça ne vous regarde pas. Ce sont des histoires d'adultes ! dit-elle.

Virgile leva les yeux au ciel.

– À mon avis, cette fois, tu rates une bonne affaire… mais de toute façon… même s'il était gratuit, tu ne le prendrais pas… tu préfères être célibataire, et toutes les excuses sont bonnes pour mettre les hommes à la porte. Je n'aurais pas aimé être mon père.

Lorsque nous nous retrouvâmes dans notre chambre, je reprochai à Virgile d'avoir été méchant avec Maman.

– Tu veux que Sesil revienne, n'est-ce pas ? Alors laisse-moi faire, je gère ! me dit-il.

1 **être majeur et vacciné** *fam* être un adulte qui n'a pas besoin d'aide

20

La bouche en cœur

Effectivement Virgile avait encore « géré ». Il avait su trouver les mots blessants mais justes pour que Maman réfléchisse et change d'avis. Elle s'excusa auprès de Sesil qui revint la bouche en cœur, dès le lendemain.

Maman ne justifia pas son changement d'attitude. Elle ne voulait pas nous donner raison. Elle prétexta même qu'une longue conversation au bureau avec Sesil lui avait fait changer son fusil d'épaule.

– Pourquoi t'as un fusil ? demanda Enguerrand. Tu veux tuer Sesil ?

Nous attendions les filles de l'Islandais avec impatience : Perla, Oddrun, Soley et Bryndis.

Notre mère fit les yeux doux aux directrices de l'école et du collège pour qu'on les accepte dans nos classes. Il fallut aussi aménager le bureau de Maman avec deux beaux lits superposés que Sesil acheta sur eBay.

Les filles ne parlaient pas du tout français. Seuls Virgile et Perla, les plus âgés, pouvaient espérer communiquer en anglais.

Elles débarquèrent un samedi. Virgile avait mis son sweat-shirt préféré et c'était la deuxième fois qu'il se rasait. Je voyais bien qu'il attendait beaucoup de sa rencontre avec Perla.

Les quatre sœurs ne ressemblaient pas beaucoup à leur père. Elles avaient le type inuit, les cheveux très bruns, les pommettes hautes et les paupières un peu bridées mais les yeux bleus et la

3 **pour que** + *subj* damit – 4 **la bouche en cœur** mit unschuldsvoller Miene – 7 **prétexter qc** donner une raison qui n'est pas la vraie raison – 9 **changer son fusil d'épaule** changer d'opinion **(le fusil** Gewehr) – 14 **faire les yeux doux à qn** être très charmant avec qn – 16 **aménager qc** arranger, changer un lieu pour le rendre plus pratique – 16 **un lit superposé** Stockbett – 21 **se raser** sich rasieren – 24 **inuit, e** caractéristique des peuples de l'Arctique – 24 **une pommette** Wangenknochen – 25 **la paupière bridée** Augenlid, das dem Augen ein mandelförmiges Aussehen verleiht

stature costaude d'Oddrun et de Soley laissaient voir leurs origines vikings paternelles.

Perla était extrêmement timide, comme son père, et elle fuyait Virgile qui déployait pourtant tous ses charmes pour se faire aimer.

Le dimanche, il prépara des lasagnes au poulet*, un plat trois étoiles, et me supplia de le laisser faire aussi le dessert. Il voulait faire tout pour que Perla le remarque au moins quelque part. Malheureusement, la jeune fille avait des goûts très particuliers et ne se nourrissait* le soir que de corn flakes et de fruits.

– Pour le régime ! me confia son père en cachette. C'est une grande coquette.

Les trois autres filles se régalèrent de la tarte au chocolat. Lorsque nous sortîmes de table, elles tentèrent de féliciter Virgile comme elles le pouvaient. Mais mon frère n'avait d'intérêt que pour Perla, qui souriait de temps en temps et rougissait dès qu'elle le regardait.

– Et tu crois que ça, c'est une fille normale ? demandai-je à Virgile, tout bas.

Il me fit un sourire embarrassé. Contrairement à ce qu'il disait toujours, les filles bizarres ne semblaient pas lui déplaire tant.

Moi, j'étais content.

J'aurais aimé que rien ne change et que Maman ne perde plus jamais son bonheur. Sesil n'était peut-être qu'un *ersatz* de père, mais il était un *ersatz* de grande qualité. Je finis par me dire qu'à choisir entre un père absent et un parfait cuisinier, je ne pouvais pas hésiter un moment. Même Enguerrand finissait par apprécier la présence rassurante de Sesil.

1 **costaud, e** robuste, fort – 2 **paternel, le** du côté du père – 4 **fuir qn** s'éloigner rapidement de qn – 7 **supplier qn** jdn anflehen – 11 **un régime** Diät – 11 **confier qc à qn** dire à qn qc dont on ne parle pas en public – 13 **se régaler de qc** manger qc avec grand appétit – 20 **embarrassé, e** confus, qui ne sait pas quoi dire

Je comprenais peu à peu la maxime des Mendelssohn. Le bonheur passait effectivement par des choses simples. La bonne cuisine en était une et grâce à Sesil nous n'en serions plus jamais privés.

– Et grâce à moi ! protesta Virgile à qui je venais de confier mes pensées.

– Oui, c'est vrai. Tu gères ! répondis-je sérieusement.

Mais il était déjà reparti s'asseoir à côté de Perla.

L'amour était sans doute aussi l'une de ces choses simples qui pouvaient nous rendre heureux mais pour le savoir, il fallait que j'attende encore un peu.

4 **être privé, e de qc** manquer de qc; ne pas avoir qc

Le passé simple

In *Les zinzins de l'assiette* verwendet der Autor eine Zeit der Vergangenheit, die ihr möglicherweise noch nicht kennt. Es handelt sich um das *passé simple*, das fast nur in der geschriebenen Sprache vorkommt und die gleiche Funktion wie das *passé composé* hat.

Sie werden wie folgt gebildet:

Regelmäßige Verben auf *-er*

invit-ER	il invit-**a**	ils invit-**èrent**
demand-ER	il demand-**a**	ils demand-**èrent**

Regelmäßige Verben auf *-ir* und *-re*

sort-IR	il sort-**it**	ils sort-**irent**
ouvr-IR	il ouvr-**it**	ils ouvr-**irent**

répond-RE	il répond-**it**	ils répond-**irent**
entend-RE	il entend-**it**	ils entend-**irent**

Unregelmäßige Verben
(Hier sind alphabetisch alle im Text vorkommenden Verben aufgeführt.)

INFINITIV	je...	il/elle...	nous...	ils/elles...
avoir		eut		
être		fut	fûmes	
aller				allèrent
apercevoir	aperçus			
conclure		conclut		
convaincre	convainquis			
croire	crus			
décrire	décrivis	décrivit		
devoir	dus			
dire	dis	dit	dîmes	
éteindre		éteignit		
faire	fis	fit		
falloir		fallut		
lire		lut		
(per-, pro-) mettre		mit		
(ap-, dis-) paraître		parut		
se plaindre		plaignit		

INFINITIV	je...	il/elle...	nous...	ils/elles...
pouvoir		put		
(ap-, com-, re-, sur-) prendre	pris	prit		
	prîmes			
sourire	souris	sourit		
suivre	suivis	suivit		suivirent
(re-, de-) venir	vins	vint	vînmes	
voir			vîmes	

Le gérondif

In dem Roman kommt eine weitere Verbform vor, die im Unterricht wahrscheinlich noch nicht behandelt worden ist: das Gerundium (*le gérondif*), eine Verbform, die es im Deutschen nicht gibt. Ihr sollt diese Form noch nicht aktiv beherrschen. Damit ihr sie im Text aber erkennt und versteht, findet ihr hier eine kurze Einführung.

1 Bildung des *gérondif*

Man nimmt die erste Person Plural Präsens, ersetzt die Endung *-ons* durch ***-ant*** und setzt die Präposition ***en*** davor.

Beispiele:

regarder	finir	attendre
nous regard-ons	nous finiss-ons	nous attend-ons
en regard-***ant***	***en*** finiss-***ant***	***en*** attend-***ant***

Es gibt nur drei Ausnahmen:
ÊTRE (*en étant*)
AVOIR (*en ayant*)
SAVOIR (*en sachant*)

Das gérondif ist unveränderlich.

2 Gebrauch des *gérondif*

1 *Elle ouvrit la porte* ***en râlant***. (p. 24)
(= Elle ouvrit la porte et en même temps elle râlait.)
Sie öffnete die Tür und schimpfte dabei vor sich hin.
oder: Sie öffnete schimpfend die Tür.

→ Das gérondif drückt aus, dass zwei Ereignisse gleichzeitig ablaufen. Im Deutschen wird das oft mit dem Partizip wiedergegeben. Bei zwei mit „und“ verbundenen Sätzen verstärkt das Wort „dabei“ die Gleichzeitigkeit. Als Übersetzung kommt auch oft „während“ in Frage.

2 *Virgile commença par se brûler les doigts* ***en voulant*** *soulever le couvercle.* (p. 35)
(= Virgile commença par se brûler les doigts quand il voulait soulever le couvercle.)
Virgile verbrannte sich zunächst einmal die Finger, als er den Deckel anheben wollte.

→ Auch hier wird die Gleichzeitigkeit der Handlungen zum Ausdruck gebracht: im Deutscchen durch „als“ oder „in dem Augenblick, als“ wiedergegeben.

3 *... dit-il* ***en souriant****.* (p. 39) (= ... dit-il *et* souria.)
... sagte er <u>lächelnd</u>

→ Hier gibt das *gérondif* Antwort auf die Frage, wie/auf welche Weise etwas geschieht. Im Deutschen kann das manchmal mit dem Partizip Präsens übersetzt werden, aber auch durch die Konjunktion „indem“.
Achtung: Wenn ihr einen deutschen Satz mit „indem“ ins Französische übersetzen wollt, ist das nur mit dem *gérondif* möglich! Es gibt keine entsprechende französische Konjunktion.

Mit dem *gérondif* kann man Sätze verkürzen.
Wichtig: Es kann aber nur dann verwendet werden, wenn in Haupt- und Nebensatz *dasselbe Subjekt* steht bzw. gemeint ist.

Le subjonctif

In *Les zinzins de l'assiette* finden sich einige Formen des *subjonctif*, ein Verbmodus, den ihr möglicherweise noch nicht gelernt habt. Diese Form des Verbs steht nach bestimmten Ausdrücken und Verben, die z.B. ein Gefühl oder einen Zweifel ausdrücken, sowie nach einer Reihe von Konjunktionen, z.B. *pour que* (= damit). Eine ausführlichere Erläuterung zum *subjonctif* würde an dieser Stelle jedoch den Rahmen sprengen.
Da in vielen Fällen die Form des *subjonctif* nicht erkennbar ist, da identisch mit der Präsensform des Verbs, stellen diese Formen kein Verständnisproblem dar. In der folgenden Übersicht werden daher nur die Belegstellen mit Sonderformen aufgeführt.

Belegstelle	Infinitiv	Übersetzung
Pourquoi tu veux que je lui **dise** ça ? (p. 26)	dire	Warum soll ich es ihm sagen?
Il faut que j'**aille** faire mes devoirs. (p. 27)	aller	Ich muss mich an meine Hausaufgaben machen.
Il faut absolument que Grand-mère **voie** ça. (p. 31)	voir	Großmutter muss das unbedingt sehen.
J'étais un peu triste … qu'elle ne **choisisse** pas déjà le plat. (p. 31)	choisir	Ich war ein wenig traurig, dass … sie nicht schon ein Gericht auswählte.
Elle va avoir peur que tu nous **rendes** encore malade. (p. 36)	rendre	Sie wird Angst haben, dass du uns nochmals krank machst.

Je veux qu'elle me **fasse** le manger. (p. 39)	faire	Ich will, dass sie mir das Essen zubereitet.
Maman n'avait pas l'habitude que Virgile lui **tienne** tête. (p. 42)	tenir	Mama was es nicht gewohnt, dass Virgile ihr die Stirn bot.
Il est préférable que nos conflits **soient** d'ordre culinaire. (p. 42)	être	Es ist besser, dass unsere Konflikte kulinarischer Art sind.
Arnold n'accepta pas que nous **interrompions** nos bonnes habitudes. (p. 53)	interrompre	Arnold akzeptierte nicht, dass wir unsere guten Gewohnheiten unterbrachen.
Tu veux que Sesil **revienne**. (p. 60)	revenir	Du willst, dass Sesil zurückkommt.
… pour que Maman **réfléchisse** (p. 61)	réfléchir	… damit Mama nachdenkt
J'aurais aimé … que Maman ne **perde** plus jamais son bonheur. (p. 62)	perdre	Ich hätte wollen, dass Mama nie mehr ihr Glück verliert.
… il fallait que j'**attende** encore un peu. (p. 63)	attendre	…es war nötig, dass ich noch ein wenig wartete

Liste des abréviations

≠	antonyme de
→	mot de la même famille
'	h aspiré (pas de liaison : *le / la* devant un substantif, *je* devant un verbe)
angl	anglais
ar	(origine) arabe
arg	argot
enf	enfantin
etw	etwas
f	féminin
fam	familier
fig	figuré
fpl	féminin pluriel
inf	infinitif
jdm	jemandem
jdn	jemanden
jds	jemandes
ling	linguistisch
m	masculin
mpl	masculin pluriel
onom	onomatopée (= phonétique de sons, d'un bruit)
péj	péjoratif
qc	quelque chose
qn	quelqu'un
subj	subjonctif
verlan	argot, langage qui inverse les syllabes